Uferlos

Für Anna Maria Pfaff

Hartmut Pfaff

Uferlos

©2012 Hartmut Pfaff, Hamburg
Herstellung und Verlag: BoD – Books on Demand,
Norderstedt
Alle Rechte vorbehalten.
Umschlagsgestaltung: Peter Gärtner
Foto: Dirk Padberg & Matthias Stolt
ISBN: 978-3-8482-5237-4

Als ich das erste mal

in deine Augen sah
erfüllte mich
ein Zauber von Liebe
meinem Herzen so nah.

Ich habe einen Stern
nach dir benannt,

ein Licht der Liebe
als ich dich fand.
Ein Stern scheint zu dir
wenn meine Sehnsucht
dich küsst,

über Meere und Berge.
Wo du auch bist.

Ein Liebesbrief

Von dir geliebt zu werden
ist ein Sonnenbad
im Sommerregen.

Du hast mir das Glück gegeben,
mit dir zu leben
ist ein Frühling, der nie zu Ende geht.

Du bist die Frau, die mir verzeiht
die mich versteht,
du bist die Zärtlichkeit, nach der ich mich sehne,
du bist von allem nur das Schöne.

Seit du in meinem Leben bist,
weiß ich erst was Liebe ist.
Ohne dich bin ich ein Blatt im Wind
nur du weißt, wo meine Träume sind.

Ich habe Bäume umarmt
und aus Glück geweint.
Ich habe mit Blumen gesprochen
und dich gemeint.

Wenn irgendwo auf dieser Welt
eine Sternschnuppe vom Himmel fällt,
geboren aus unendlichem Licht,
dann denke an mich,
ich liebe dich.

Am Meer

Für dich habe ich Steine
am Meer getürmt.

Für dich habe ich nach Sternen gegriffen
und dein Herz erstürmt.

Das Herz im Meeressande ist verweht,
es bleibt ein Stein auf dem

„Für immer"

geschrieben steht.

Das Meer der Liebe

Ich brauche dich zum atmen
ich brauche dich zum Schweben,
ich brauche dich zum Leben.
du bist die Heimat meines Herzens.

Auch wenn es Jahre dauert,
ich werde dich finden,
ich werde in dich tauchen,
in dich versinken.

In dem Meer unserer Liebe,
wo die Sonne erwacht,
wo die Sonne versinkt,
wo ist ein Engel,
der dich zu mir bringt.

Komm mir entgegen, flute zu mir,
der Mond hat die Macht,
dir die Freiheit zu geben,
trage mich im Sternenlicht
zu deinem Leben.

Spanische Nacht

Du bist der Spiegel meiner Seele!
Wenn du an mich denkst - denke ich an dich.
Klingelt das Telefon, weiß ich, wenn du es bist.

Wir lieben die gleichen Blumen,
Musik und das Meer…
Ohne dich ist mein Leben schwer.

Mit dir feurigen Wein zu trinken,
bei Gitarrenklang in deinen Augen versinken.
Meine Sehnsucht dich zu berühren, zu küssen,
mehr von dir Wissen!

Du bist mein Verlangen
einer spanischen Sommernacht.
Lass uns Flamenco tanzen
in Wildheit, Stolz und Melancholie,
diese Nacht vergessen wir nie…

In unseren Küssen ist ein Duft
vom Salz des Meeres…

In unseren Herzen ein Zauber
von Liebe!

Dein Name

Weil ich dich liebe, kann ich mit meinem
Herzen sehen,

weil ich dich liebe, kann ich die Sprache der
Blumen verstehen.

Ich habe dich immer gesucht. Warum hast
du mich verlassen, als du mich gefunden hast.

Tage und Nächte waren mit Schönheit von dir
erfüllt. Du wirst immer in meinem Herzen und
meinen Gedanken sein.

Dein Name ist in meinem Herzen eingraviert.
Du wolltest mit mir alt werden, warum suchst
du mich jetzt in einem Anderen?

Weil Engel unsere Liebe beschützen, wirst du
mich wieder finden.
Wirkliche Liebe wird belohnt.

Winterspaziergang

Schneebedeckte Tannenbäume haben über Nacht
Kinderträume wahrgemacht.

Schneekristalle glitzern wie Diamanten, Winterzauber…
sind meine Gedanken!

Jugenderinnerungen erwachen,
aus der Ferne höre ich Kinderlachen.
Wie damals werfe ich voller Lust Schneebälle
in die Winterluft.

Wie auf Watte schreite ich durch den Märchenwald.
Andächtiges Schweigen,
nichts, das hallt.

Einsam schläft ein kleiner See,
Spuren von Rehen sind im Schnee.

Schlittenglöckchen klingen,
ich gehe wie auf Engelsschwingen.

Schneeflocken schweben sacht, die Sonne lacht,
Eiszapfen tropfen glänzend vom Dach.

Ein Bergkirchlein lädt mich ein,
ein stilles Gebet im Kerzenschein.

Verletzte Erde ist in weißer Unschuld bedeckt,
Schneeglöckchen warten schon,
bis der Frühling sie erweckt.

Spät erwachte Schönheit

Auf meinem Balkon,
habe ich im Frühling
Rosen gepflanzt,
sie erblühten
im Sommer,
so stolz und sanft.

Ein Sommer vergeht,
samtrote Schönheit
wird vom Herbst-
wind verweht.

Doch wie ein Wunder
ist noch eine letzte Rose
über Nacht
erwacht.

Ich küsste sie ganz sacht
und habe an dich gedacht.

Eine Rose ist im Schnee
erblüht,
eine Amsel singt
einsam ihr Lied.

Späte Schönheit
ist erwacht,
ich habe an dich
gedacht.

Spätsommer

Jetzt bin ich ein großer alter Baum, ich habe hundert
Sommer und hundert Winter erlebt.
Meine Blätter sind nach Licht gestrebt.
Jeden Frühling bin ich neu geboren.

Es ist erblühen und gehen,
es ist kein Sterben,
es ist ein Wiedersehen.

Noch blüht roter Mohn in Weizenfeldern,
schon bald pinselt Maler Herbst verschwendend
bunte Farben,
dann stehen auf den Feldern einsam Gelbe Garben.

Wenn du einen Baum umarmst,
wird er dir Kraft und Frieden geben.
Wenn Sonnenblumen welken, schenken ihre Körner
neues Leben.

Ein Blatt fällt leise auf dein Haar, weißt du,
dass es nur mein Zwinkern war?

Elfen haben mir von Geheimnissen des Waldes erzählt,
schon bald wird eine Baumprinzessin auserwählt.

Schmetterling

Ich bin ein Schmetterling,
im Frühling bin ich geboren,
dann gaukle ich unbekümmert
durch den Sommer
bis in den Herbst hinein!

Mein Kleid schmückt die
Farben einer Sommerwiese.
Ich lasse mich trunken
vom Nektar der Blumen,
leicht im Sommerwind tragen!

Ich bin in die Wärme der Sonne verliebt
und schlafe auf Blumen. Bin der Bote
des Frühlingserwachens
und kenne alle Blumen,
die mein Zuhause sind!

Ihr dürft mir nicht die Blumen nehmen,
Gifte und Rasenmäher - mein größter Feind!

Bewahrt die Blumen, damit ich leben kann,
dann fliege ich für euch einen Sommer lang!

Sommerliebe

In einer Sommerwiese pflückte ich
erblühte Schönheiten für dich.
Weil du meine Schönste bist.

Gänseblümchen schmückten dein Haar,
wie wundervoll dieser Sommer mit dir war.

Alle Wege miteinander gehen,
alle Schönheiten zusammensehen.

Ich bin von Glück erfüllt, dein Name ist Liebe,
die in meinem Herzen klingt.

Deine Küsse sind zärtlicher Sommerwind.

Frühlingserwachen

Weiße Narzissen strahlen
stolz in Sonnenküssen.
In frischem Gelb frohlocken
Frühlingsboten, Osterglocken.

Du wundervolle Blumenpracht
jetzt bist Du erwacht
aus dem Winterschlaf so sacht.

Wenn so viel Schönheit in Duft erblüht,
sehe ich, dass es Wunder gibt.

Buschwindröschen blühen wieder
zart wie erste Liebe,
Sehnsucht ist im Duft von Flieder.

In meinem Jugendgarten blüht
Vergissmeinnicht,
ein Bächlein murmelt munter,
es ist ein Frühlingswunder!

Frühling

Es ist ein Duft von Flieder
in der lauen Luft,
in Wiesen und Wäldern,
bei Bächen und Feldern
ist neu Erwachtes zartes Grün.

Ich bin berauscht von deiner Schönheit,
deinen Blumen, die jetzt blühen.
Es ist ein Zwitschern und Singen im Wind,
ich schwebe wie ein Schmetterling
und ich werde wieder Kind!

Es ist dein Zauber,
der mir neue Hoffnung gibt.
Nach des Winters kaltem Grau,
bist du endlich da,
im Himmelsblau - der Frühling!

Ich bin frei

Ich bin frei weil ich dich liebe.
Habe dir mein Herz gegeben,
eine Liebe für das ganze Leben.

Jeder Tag mit dir ist die Seite
eines Liebesbriefes,
jede Nacht ohne dich, ist eine
Nacht ohne Sterne.

Alles was vor dir war,
war ein warten auf dich.
Endlich habe ich dich gefunden,
du heilst die Wunden vom Leid
vergangener Zeit…

Wenn wir alt sind, werde ich jede
Falte in deinem Gesicht lieben.
Du wirst sehen, dass meine Liebesbriefe
die schönsten sind…

In unserem Garten flechte ich eine Rose
in dein ergrautes Haar…
und wenn die Sonne im Meer versinkt,
werde ich deine Hände halten
und dir sagen wie sehr

ICH DICH LIEBE

Menschen

Wenn der Himmel weinen könnte,
würde die Welt in Tränen ertrinken.

Was manche, die sich Menschen nennen,
zu Menschen tun
schreit zum Himmel.
Wann werden Menschen Frieden finden.

Der Reichtum ist das Paradies,
das Elend ist die Hölle.

Gott ist fortgegangen,
er schämt sich dieser Welt.
Ein anderer ist gekommen,
sein Name ist Geld.
Seine Kirche ist die Bank,
seine Bibel sind die Scheine.
Er regiert die Welt.

Wenn Millionen aus Hunger sterben,
wenn aus Menschen Teufel werden,
wenn Menschen sich hassen,
wenn Menschen Menschen einteilen in Klassen,
dann sind sie von Gott verlassen.

Gott ist fortgegangen,
er schämt sich dieser Welt,
ein neuer ist gekommen.
Sein Name ist Herr Geld,
Er regiert die Welt!!!

Freundschaft

Manchmal ist das Leben schwer,
du hast keine Arbeit mehr.
Wenn dich niemand mehr kennt,
ist einer da der an Dich denkt:
      dein Freund!

Wenn du glaubst, jetzt ist alles aus,
deine Frau hat dich verlassen,
dir niemand mehr hilft, alle reden sich raus,
dann ist einer da der an dich glaubt:
      dein Freund!

Wenn das Schicksal es nicht gut mit dir meint,
wenn deine Sonne nicht mehr scheint,
wenn das Glück dich verlässt und alles daneben geht,
ist einer da der Dich versteht:
      dein Freund!

Wenn die Zeichen gegen dich stehen,
dein Freund wird mit dir durch die Hölle gehen.
Die Freundschaft ist eine zarte Pflanze,
ich werde sie hegen und pflegen,
dann bleibt unsere Freundschaft
ein Baum für das ganze Leben…
Dieser Baum wird Früchte tragen,
die weit bis in den Himmel ragen.

Frankfurt

Du bist Liebe auf den zweiten Blick!
Du bist so alt und auch so jung,
du bist cool, du bist sehr nett.
du lebst in einem wilden Bett.

Du bist pulsierendes Leben und Gemütlichkeit,
bist die Stadt der Banken, hast viele Gesichter,
hast Ecken und Kanten.
Du bist unbequem schön, kühn und romantisch,
du bist der Nabel der Welt.
Es ist die Kultur, die dich erhält!
Du hast einen harten Charme,
doch dein Herz ist groß und warm!

Du bist High Tech und Appelwoi,
ich hasse und ich liebe dich, ich bin dir treu.
Du bist der Duft der großen Welt,
wenn einer deinen Namen nennt,
denken alle nur an Geld!
Dein wahrer Reichtum sind Menschen
aus internationaler Kultur,
eine Weltstadt umschlungen von Natur.

Du änderst dich sehr schnell,
bist sehr dunkel und sehr hell.
In einem schönen Speisegarten deiner Stadt,
bei Appelwoi und Grüner Soße,
schenkte ich meiner Liebsten eine Rose.

Es ist Liebe auf den zweiten Blick,
Frankfurt, ich komme zu dir zurück!

Ein Sommertag mit dir

Umarmt den Fluss entlang
im Duft des Sommers…

Von Liebe getragen sind meine Sinne
betäubt von der Fülle reifer Schönheit,
Schönheit zwischen Erwachen und Vergehen.

Dein Lachen im Sommerwind
Brombeerküsse, Wiesenblumen pflücken,
So wie Kinder sind,

als wenn Himmel und Erde sich küssen,
schwebten wir in Glückseligkeit vereint.

Wenn die Sonne deines Herzens in Liebe scheint,
schlafen wir auf Blumenwiesen ein,
es soll immer so ein Sommer sein.

Wo bist du

Manchmal träume ich von dir,
unter einem Regenbogen
hast du mich geküsst.

Wo bist du?

Ich suche dich bei Tag und Nacht,
ich kenne deinen Namen nicht,
ich weiß nicht, wo du bist.

Vielleicht sehe ich dich morgen,
vielleicht suchst du auch mich,
ich warte auf dich.

Bist du in einem fernen Land,
sprichst du meine Sprache?
Vielleicht verkaufst du Blumen
nebenan in meiner Straße.

Vielleicht sehe ich dich morgen,
vielleicht suchst du auch mich,
ich warte auf dich.

Ich suche dich bei Tag und Nacht,
hast du Grübchen, wenn du lachst?
Hast du helles oder dunkles Haar?
Glaubst du, Träume werden wahr?

Unter einem Regenbogen
hast du mich geküsst,
vielleicht ist das schon Morgen,

vielleicht suchst du auch mich,
Ich warte auf dich!

Rosenschön

Eine Rose ohne Dornen,
ist Schönheit ohne Schutz.
Wer die Schönheit des Herzens sucht,
muss Dornen besiegen,
um die Schönheit der Rose
im Herzen zu lieben.

Wahre Liebe

Die Schönheit deiner Seele,
deines Seins,
leuchtet in deinen Augen.
Ein Sonnenaufgang,
der aus deinem Herzen strahlt
und unsere gemeinsame Wege
durch alle Dunkelheit erhellt.

Dein unbeschwertes Schweben,
bist zwischen Sommer und Herbst,
zwischen kommen und gehen.
Das Mädchen verloren,
alles riskieren aus Lust am Leben,
du sinnliche Frau.

Vom Schicksal oft verletzt
bist du vom scheuen Veilchen
zu einer stolzen Rose erblüht.

Kein Sturm, kein Winter des Lebens
kann deine Schönheit mir rauben.
Alle Wege zusammen gehen,
an unsere Liebe glauben.

Es ist schon bald Herbst meine Liebste.
Lass uns jetzt die Früchte der Liebe
unseres Sommers kosten.

Glücksboten

Als ich zu meinem
Fahrrad ging,
war dieses
übersät von
Marienkäfern.

Meine Glücksboten
begleiten mich
zu Dir,
du weißt, wir
beide sind seelenverwandt,
hast du sie auch
gesehen,
die hübschen Boten des Glückes?

Solche Momente sind ein Segen,
ich fahre weiter meinem
Glück entgegen, freue mich wie
ein Kind. Wie schön so kleine
Wunder sind.

Zeit der Liebe

Wie viele Wege muss ich gehen,
wie viel Schönheit kann ich sehen,
um die Liebe zu verstehen.

Schatten im Licht, ein Versprechen
zerbricht.
Buschwindröschen schlafen im
stillem Mondlicht.

Nachtgrillen singen, Liebeslieder
verklingen.

Die Nachtigall schweigt.
Ein Veilchen meint die Liebe…
Eine Rose,
die Zeit!

Weißer Flieder

Sehnsucht des Frühlings,
Wehmut vergangener Liebe.
Im holden Frühling blühst du wieder,
scheue Schönheit…Weißer Flieder.

Brautschleier des Frühlings,
der Dichter Leibeslieder,
scheue Schönheit…Weißer Flieder.

Dein Duft ist das romantische Geheimnis
erster Liebe.
Zarte Erinnerungen an vergessene Liebesbriefe.

Deine Blüten sind weiße Perlen der Treue
für Liebende, die sich in deinem Brautschleier
für immer verbinden,
sich in Liebe finden.

Wir haben uns gefunden

Des Glückes Schatten sind verloren,
Liebe ist in unseren Herzen geboren.

Deine Liebe leuchtet in meinen Augen,
du bist mein Glück,
du bist mein Glauben!

Unsere Liebe trägt uns leicht
schwebend durch die Zeit.

Willst du alles Schöne mit mir teilen?
Auch das Leid?

Reiche mir deine Hände
kein Weg ist zu weit,
kein Ziel ist zu fern…
Du bist mein Licht,
du bist mein Stern!

Jeder Tag mit dir

Jeden Tag mit dir
ist das Glück geliebt zu werden,
jede Nacht mit dir
ist die Erfüllung meiner Träume.

In Meeren und Wiesen
bis über die Wolken
haben wir uns geliebt,
Liebe, die es nur einmal gibt.

Durch deine Liebe neu geboren,
habe ich mich gefunden,
bin in dir verloren.

Für immer gefragt.
Für immer gesagt.
Für immer geliebt.

Eine Rose ohne Duft
ist wie ein Leben ohne dich
Liebe, die es nur einmal gibt.

Der Blaue Ball

Seit ewiger Zeit
schwebt er im unendlichen All
der blaue Ball,
er wurde geboren mit großem Knall.

Es ist ein Ball, mit dem von innen gespielt wird.
Es ist ein gefährliches Spiel.
Jeder Häuptling hat Millionen Krieger,
wer zuerst den Ball zum Platzen bringt, ist Sieger.

Noch steht es unentschieden,
doch jeder möchte gewinnen
und den Ball zum Platzen bringen,
mit vielen Opfern und aller Gewalt,
bis er knallt.

Das Spiel mit dem Feuer
ist viel zu teuer,
denn eines vergessen
die Häuptlinge und Krieger.

Wenn die Erde stirbt,
dann gibt es keine Sieger,
dann hat jeder verloren.

Das Spiel ist noch nicht aus,
noch könnt ihr alle raus.
Im Aufgeben liegt das Siegen,
aufhören mit den Kriegen,
das ist Siegen.

Du und Ich

Wir beide sind eine Seele,
ich finde mich in dir selbst wieder.

Manchmal bremst mein Verstand
so viel Liebe meines Herzens zu dir,

Dann weißt du aber doch
die Wahrheit meiner unausgesprochenen Worte.

Weil du mir so nahe bist,
weil du in meinem Herzen lesen kannst.

Licht der Liebe

Das Licht der Liebe wird immer scheinen
von der Wüste über das Meer.
Auch wenn ein Stern am Himmel fehlt,
ist sein Licht noch nicht erloschen.

Wo du auch bist auf dieser Welt,
das Licht meiner Liebe
strahlt zu deinem Herzen,
leuchtet in deinen Augen.

Das Licht deiner Liebe
lässt mich mit dem Herzen sehen
und an Wunder glauben.
dem Himmel so nah sein,
der Hölle entronnen…

Hab' ich verloren? Hab' ich gewonnen?
Hab' nun ohne Grenzen geliebt…
verloren in Liebe, die nicht betrügt,
Phantasie die nicht lügt…

Mein Licht der Liebe
wird immer für dich scheinen
Du bist mein Licht
Ich liebe dich!

Denke an mich

Wenn Schmetterlinge auf Blumen schlafen,
wenn Schneeflocken vom Himmel fallen,
wenn ein Sonnenstrahl dein kaltes Näschen küsst
und dich zum Lachen bringt,

wenn du einen Regenbogen siehst
und Sommerregen über deine Lippen rinnt,
wenn du nachts die Sterne zählst
staunend wie ein Kind,

wenn du traurig bist
und nicht mehr an die Liebe glaubst,
die stärker ist als alles Leid,
dann denke an mich
und dass dein Glück dich nie vergisst,

Ich liebe dich.

Nachts

Ich habe mich verfangen
in nie gekanntem Glück
und lausche deinem Atem,
als du wie ein Kind in
meinen Armen schliefst.

Die Zeit blieb stehen,
als ich die Engel bat,
die Nacht möge nie zu Ende
gehen…

Ich beschütze deine Träume
vor den Dämonen der Nacht.
Ein Sternchen blinkt zum Mond,
die Sonne wartet schon.

Großstadtdschungel

Die Kinder in der Stadt,
im Namen der Kinder
Rücksicht nehmen.

Du hast mehr Ampeln als Bäume,
mehr Autos als Blumen,
mehr Enge als Räume.
Autos beherrschen unsere Stadt,
die kein Herz für Kinder hat.

Unschuldig überfahren,
weil wir Kinder in der Großstadt waren.

Im Namen der Kinder Rücksicht nehmen,
langsam fahren,
mehr Bäume pflanzen
als Autos kaufen.

Eine Stadt ohne Kinderlachen
ist eine Stadt ohne Seele, ohne Blumen,
ohne Licht,
eine Stadt ohne Kinder zerbricht.

Rücksicht nehmen, langsam fahren,
weil wir alle einmal Kinder waren.

Leben Lassen

Stell dir vor es gibt keine Wale mehr!
Dass Menschen die Wale grausam
ermorden
schreit zum Himmel.

Wenn der Himmel weinen könnte,
würde die Erde in Tränen ertrinken,
wann werden Wale Frieden finden.

Seit tausend Jahren leben Wale
friedlich in den Meeren dieser Welt.

Der Mensch tötet die Wale grausam
aus Gier nach Geld.
Das Meer ist unsere Heimat,
unsere Welt.

Wenn der Himmel weinen könnte,
würde die Erde in Tränen ertrinken,
wann werden Wale Frieden finden.

Wir Wale lieben auch unsere Freunde
und Kinder.
Ihr tötet uns brutal.
Ihr Menschen seid für uns die größte Qual.

Ihr jagt uns durch die Ozeane der Welt,
nur aus Gier nach Geld.

Sehnsucht

Wenn meine zärtlichen Gedanken
an dich Regentropfen wären,
dann würde die Wüste
zum Paradies erblühen!

Wenn ich ein Baum wäre,
dann wärst du der Schmuck
meiner Blätter!

Wenn ich eine Rose wäre,
dann wärst du mein Duft!

Wenn ich ein Fluss wäre,
wärst du mein Ufer!

Wenn ich das Meer wäre,
dann wärst du meine Insel.

Für immer!

Es war Liebe

Ich kann dein Licht nicht mehr sehen,
ich kann deinen Namen in meinem
Herzen nicht mehr verstehen...

Weil Träume meine Seele
mit Schatten umhüllen,
Liebe, die nur noch
meine Träume erfüllen.

Es war Liebe…
Nur noch von einem gegeben,
Liebe verloren, für ein ganzes Leben.

Herbst

Du feierst den Abschied des Sommers
mit dem Feuerwerk
deiner leuchtenden warmen Farben.

Du trägst dein schönstes buntes Kleid,
du zeigst uns die Vergänglichkeit.

Du bist die reife Schönheit
einer glutvollen Frau,
nach dir regiert Herr Winter
in Weiß und Grau.

Wenn der Wind dich sanft entkleidet,
wenn die Tage kürzer werden,
ist es wie ein leises Sterben.

Als ich mit meiner Liebsten
auf deinem weichen Blätterteppich
durch die Wälder ging,

war schon die Hoffnung
neuen Lebens in meinem Sinn …

Eine verlorene Liebe

Ist ein lebendiger Fluss, dessen Quelle versiegte.
Noch strömt er lebenspendend hin zum Meer,

doch seine Quelle sprudelt nicht mehr.
Jetzt ist dort eine Wüste, wo früher Leben war.

Wenn Flüsse das Meer finden und sich vereinen,
werden auch wir uns wieder finden,

zusammenfließend eine neue Quelle sein
und nicht mehr weinen.

Fragen

Warum belügst du dein Herz?
Warum hörst du die Stimme
meines Herzens nicht mehr?
Warum trennen uns Berge vom Meer?

Noch bist du in meinem Herzen,
ganz nahe bei mir!
Wenn ich einsam an dich denke
an unser verlorenes Glück…
Nein, nichts ist zerronnen,
ein Licht kommt von dir zurück!

Wird die Liebe doch gewinnen?
Was hat uns getrennt?
War es das Böse,
dass die Liebe nicht kennt?

Mit dir gehen,

Als wir uns fanden, in unseren Blicken
versanken,

hast du mein Herz berührt.
Unsere Wege wurden zusammen geführt.

Miteinander alle Wege gehen,
alles teilend
mit dir sehen.

Ich bin von Glück erfüllt,
dein Name ist Liebe,
die in meinem Herzen klingt.

Ich habe dich erwünscht,
Träume werden wahr.

In göttlicher Fügung
wurden wir ein Paar.

Liebste

Dein Name lässt Blumen
erwachen,

wenn meine Sehnsucht
mit deinem Herzen spricht.

Meine Liebe lässt mich mit
meinem Herzen sehen

Die Liebe ist das Licht.

Für mich war es Liebe

Jetzt bin ich ein Fluss,
der seine Ufer nicht mehr kennt,
weil ich immer schneller weiter fließe,
auf der Suche nach der Liebe,
wenn man wahre Liebe kennt.

Nur du alleine weißt,
warum du uns verlassen hast.
Selbst am Ende dieser Welt,
warst du mir einmal näher
als jetzt.

Du hast die Flamme
unsere Liebe gelöscht.
Das Licht meiner Liebe zu dir
strahlt so hell
und hat dich in deinem Herzen
beschützend geliebt
im Sein, heilen lassen,
du bist nicht allein.
Wenn ein Stern gestorben ist,
ist sein Licht noch nicht erloschen -
strahlt durch Raum und Zeit.
Wahre Liebe bleibt.

Vom Winde verweht

Ich bin ein Ahornbäumchen, noch ganz klein,
ich wachse in einem
Blumenkasten in Hamburg-Winterhude.

Mitten in der Großstadt,
der Wind hat mich dort hin geweht.
Mein Heimatbaum ist 20 Meter hoch.
Seine Wurzeln reichen bis in den Goldbekkanal.

Dort wo die Seerosen blühen
und stolze Schwäne vorüberziehen.
Wenn man eine kleine Ahornblüte ist,
die mit Millionen anderen
Ahornblüten geboren wurde,
kann man froh sein, auf
einem Balkon in einem Blumenkasten zu landen.

Andere. treiben in der Alster
oder enden in einem Bierglas
eines Gastes am Jungfernstieg.
Ganz Auserwählte trägt der Wind nach Blankenese,
in den Hirsch- und Jenischpark.

Dort können sie mit den mächtigen Eichen
und Kastanienbäumen
um die Wette wachsen.

Und wo ist meine Zukunft?
Meine Nachbarn sind Fleißige
Lieschen, Stiefmütterchen und Petersilie.

Ich habe schon Wurzeln, der Wind kann mich nicht mehr
zum Stadtpark tragen,
Dort wäre ich gerne groß geworden.

Vielleicht hätten verliebte Menschen
ein Herz mit Namen
in meine Rinde verewigt.
Noch bin ich kleiner als die fleißigen Lieschen,
aber der nächste
Winter kommt bestimmt!

Dann kommt meine Zeit, dann ist es mit der
Blumenpracht vorbei,
dann bin ich der Star,
bis zum nächsten Mai!

In einem Augenbick

Vergissmeinnicht blaue Augen
berührten mich.

Ein Zauber von erster Liebe.
Mitten im Verkehrsgewühl,
Sekunden lang, lasse ich mich
in unbefangene Jugend tragen.
Kennst Du das Gefühl?

Mein Zwinkern wird belohnt,
in süßen Grübchen, Mädchenlächeln,
zart wie roter Mohn.

Die Ampel wird grün, ein letzter Blick,
aus Vergissmeinnicht blauen Augen,
eine Sekunde der Ewigkeit!

Wege

Wie viele Wege muss ich gehen,
um die Liebe zu verstehen?
Wie oft dachte ich, dass du es bist,
die meine große Liebe ist.
Mit dir habe ich die Liebe gesehen,
werden wir verlassen, um Liebe zu verstehen?

Liebe ist ein Licht,
dass die Schatten der Gewohnheit überstrahlt.
Doch habe acht, dass die Ernte unseres Glückes
kein Zweifel zermahlt.

So viele Rosen hab ich dir geschenkt
Liebesbriefe von Engeln gelenkt,
aus Liebe wurde ich zu einem Dichter, der den Alltag
besiegt, ein Zauber von Liebe, die nicht lügt.

Hoffnung

Die Hoffnung,
dass du dein Versprechen hältst,
ist mein Warten auf dich.

Du willst mich nicht ganz verlieren,
willst Neues ausprobieren.

Ich kann meine Liebe nicht
hinter Freundschaft verstecken,
will und kann nicht
mein Leben mit Warten bedecken.

Du willst mich nicht ganz verlieren,
willst Neues ausprobieren.

Du verlangst zu viel von deinem Glück,
wirst uns verlieren….

Wo du auch bist

Du kannst nie so weit
von mir sein,
dass du mir nicht mehr
nahe bist.

Wir können die gleichen
Sterne sehen,
die mich an deine Augen erinnern.

Im Sommerwind
hör ich dich
singen,
als wenn tausend
Glockenblumen klingen.

Rosaroter Lippenstift

Erstes zartes Verlieben,
mein erstes Gedicht in ein Album geschrieben,
Veilchen und Rosen hineingelegt,
das erste Mal Schmetterlinge im Herzen erlebt.

Das erste Mal Lippenstift geschmeckt,
das erste Mal Knutschflecken entdeckt.

Wenn du meine Liebesbriefe liest,
wenn du einen Marienkäfer auf einem Rosenblatt siehst,
wird das Glück dich berühren,
meine Sehnsucht wird dich zu mir führen.

Wenn du mich in meinen Träumen küsst,
werde ich dir sagen,
dass du meine erste Liebe bist.

Mein Heimatstädtchen

Im Duft der hohen Tannenbäume
erwachen meine Jugendträume,
Jugendfreunde… erste Liebe.
Gengenbach, wie ich dich liebe!

Gengenbach, du romantisches Städtchen,
hast auch viele schöne Schwarzwaldmädchen.

Deine berühmte badische Küche,
Köstlichkeiten, die ich vermisse.

Deine historische Architektur
ist umrahmt von Reben und Wäldern in schönster Natur.

Ein Mühlrad plätschert meine Seele frei,
Sorgen sind mir einerlei!

Liebste mein,
ach, könntest du jetzt bei mir sein,
verliebt mit Gengenbacher Wein.

Du Schönste des Kinzig-Tals
von badischer Sonne geküsst,
ich kann nie so fern von dir sein,
dass du meinem Herzen nicht nahe bist!

Gengenbach, du bist mein Glück…
Liebe auf den ersten Blick!

Grüne Augen

Von Liebe verletzt,
nach Erfolg gehetzt,
streife ich durch mein Leben.

So viele Fragen…
in einsamen Nächten,
in einsamen Tagen.

Manchmal hat ein Zauber von Liebe
mein Herz berührt.
Ich verführte
und wurde verführt.

Meine Wehmut ist
zu verstehen,
wenn Rosen
im Herbstwind verwehen.

Ich habe Freunde, die mich begleiten,
in Freundschaftsglück,
in Freundschaftsstreiten.

Doch ich suche Dich!
Wo auch immer du bist…
Du wirst mich erkennen,
wenn dein Blick
meine grünen Augen treffen.

Mein graues Haar
macht mich nicht alt,
es ist die Farbe der Wölfe
im herbstlichen Wald.

Wenn du meine Fährte kreuzt,
wenn du dich
nicht vor falschen Werten beugst,
dann werden wir uns wiederfinden,
befreit von alten Sünden.

Dann werde ich dir
von meinen einsamen Nächten erzählen,
dann kannst du noch einmal wählen.

Ich habe das bleiche Mondlicht beschwört,
hast du im Herzen mein Rufen gehört?

Wenn du mich fragst,
warum wir uns nicht schon im Frühling
unseres Lebens begegnet sind,
werde ich dir sagen,
dass der Frühling der Wölfe
im Herbst beginnt.

Du ...

du bist mein Meer in das
ich tauche,

du bist
mein Süßes Wasser,

du bist
mein Glauben,

du bist
das Salz in meinen Augen.

Liebe

Für jede Träne, die du weintest,
wird eine Rose erblühen.
Geheimnisvoll, betörend schön
wie du!

Für jede Träne die du weintest,
schenke ich dir eine weiße Rose,
so rein wie meine Liebe
zu dir!

Sehnsucht - das Licht
in lauer Sommerluft,
und farbige Schmetterlinge
versinken in Rosenduft!

Zerbrich mich nicht

Zerbrich mich nicht,
unser Glück ist in Gefahr,
ich kann in deinen Augen lesen,
es ist nicht mehr, wie es wahr.

Es war kein böser Traum, als ich erwachte,
deine Wärme suchte, deine Hand.
Du bist fortgegangen,
alles ist leer einsam und kalt.

Mein Herz schreit in die Stille der Nacht,
du hast mir das Glück gebracht,
lass mich nicht allein,
mein Leben ist bei dir zu sein.

Ohne dich ist mein Leben leer,
Blumen haben keine Farben mehr.
Schmetterlinge weinen schon einen Sommer lang,
zerbrich mich nicht,
gib mir dein Herz zurück,
damit ich Leben kann!

Verträumt

In einer trauten Dämmernacht glitt mein Boot durch
vollmondweiches Silbernass,
Da rauschte es auf den Wogen, es hüllte sich ein
im Glanze, ein himmlisches Gefilde, ein Märchentanz
der Nymphen.

Es ruht meines Ruders Schlag, aus dem See steigt
empor ein himmlisch zarter Chor.
Liebliches Singen in der Ferne verklingen,
wo goldene Sterne flimmern.

Ist es der liebe süße Gabe, die meine Sinne
Licht umsprühen?
Mein Träumen scheint zu Ende, ich sehe keine
Nymphen,
Seerosen leuchten im See,
Vielleicht sind es auch die Locken einer fliehenden Fee.

von Anna Maria Pfaff

Uferlos

Liebe ist wie Ebbe und Flut,
wir beide flossen zusammen
und fanden unseren Hafen,
wo ich für immer mit dir Ankern wollte!

Wir beide waren stark zusammen,
jetzt bin ich - uferlos!
Du bist von mir gegangen…
Es fällt mir unglaublich schwer zu verstehen,
aber Liebe ist Kommen und Gehen!

Muss ich dich für immer verlieren?
Dich in anderen Frauen wieder finden?
Vielleicht wirst auch du
durch die Leiden der Sehnsucht gehen,
um wahre Liebe zu verstehen…

Du hast alles zerstört und alles zertreten
Vielleicht wirst auch du,
einmal für unsere Liebe beten.